# SYMBOLBOKEN

BOKEN ÄR I ALLT TILLÄGNAD
MIN FAMILJ FÖR ATT JAG
ALLTID FÅTT GÖRA SOM JAG
VILL OCH NÄSTAN ALLTID VA-
RIT UPPSKATTAD SÅ.

# SYMBOLBOKEN

# ERIKA SVAHN.

© 2016 ERIKA SVAHN
FÖRLAG: BOD — BOOKS ON DE-
MAND, STOCKHOLM, SVERIGE
TRYCK: BOD — BOOKS ON DE-
MAND, NORDERSTEDT, TYSKLAND

ISBN: 9789176998076

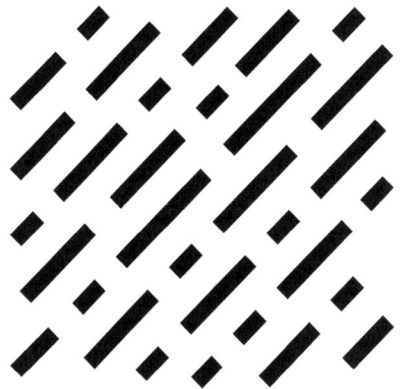

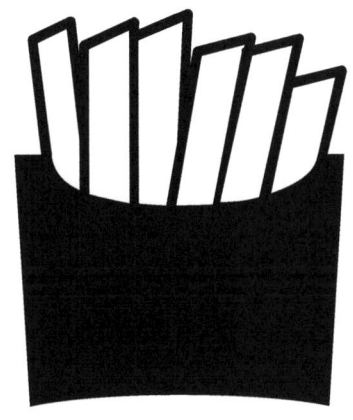

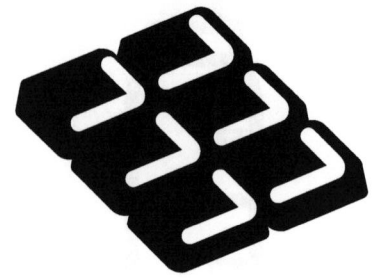

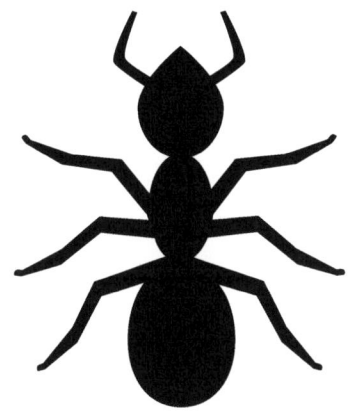

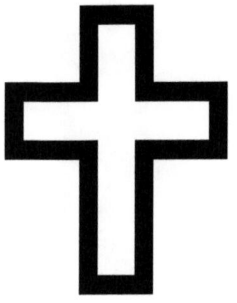

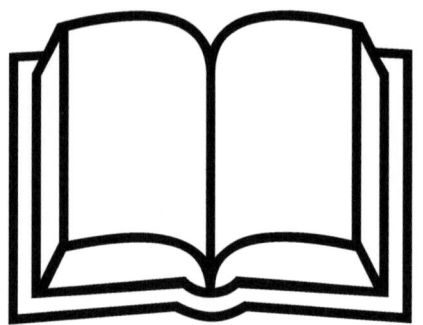

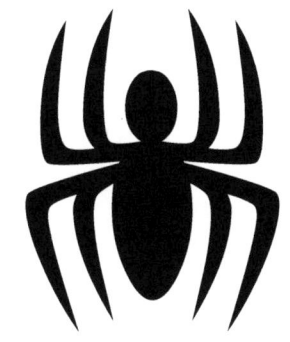

춮

STORT TACK TILL ER SOM GÖR DENNA BOK MÖJLIG OCH SOM GÖR MINA SYMBOLER LEVANDE. UTAN ER SKULLE DET INTE VARA NÅGOT VÄRT.